LA

RÉVÉRENDE MÈRE THÉRÈSE

FONDATRICE DE LA MISÉRICORDE DE LAVAL

PAR

M. l'Abbé Charles ROSSIGNOL

ANGOULÊME

IMPRIMERIE ROUSSAUD

Rue Tison d'Argence, 3

—

1884

LA RÉVÉRENDE MÈRE THÉRÈSE

FONDATRICE DE LA MISÉRICORDE DE LAVAL

« Confiance, Dieu est là ! »

(Mot favori de la Mère Thérèse).

Nous venons de lire la VIE DE LA MÈRE THÉRÈSE, *fondatrice de la Miséricorde de Laval* (1).

On ne s'étonnera pas de nous voir donner ici un souvenir à une illustre compatriote. Ces quelques pages d'ailleurs étaient promises. La digne Supérieure actuelle de la Miséricorde nous avait fait l'honneur de les réclamer de notre plume. Nous sommes heureux et fier de répondre à ce désir si aimablement exprimé et de saluer cette précieuse et impérissable mémoire.

(1) Par le P. Marc Nurit. (1869.)

I.

La Mère Thérèse.

Nous avons prononcé le mot illustre (1). C'est là pour beaucoup, de nos jours, un mot aussi gros que vide, une vaine qualification. Il ne s'agit là, le plus souvent, que d'une locution sonore mais banale, parfois même destinée à écraser de son rude poids la médiocrité qu'on voudrait masquer sous cette pompeuse mais trompeuse épithète. Tôt ou tard en effet, le rideau s'écarte et la nullité se montre : derrière le rideau, il n'y avait rien. Tôt ou tard, une déchirure fatale, un trou perfide se produit dans le décor et on n'aperçoit plus qu'une illustration de carton !

Notre vénérable mère Thérèse au contraire était pleinement illustre dans le sens le plus élevé, le plus achevé du mot. Elle était véritablement illustre devant les hommes par le nombre et l'éclat de ses œuvres. Et, ce qui est d'un bien autre prix, elle était véritablement illustre devant Dieu par la constance, l'abandon, la ferveur extraordinaires de son amour.

**

Et cette sublime femme fut d'abord une pauvre fille du peuple, une simple ouvrière, devenue ensuite, sans

(1) « Les deux femmes les plus remarquables que j'aie rencontrées, a dit un grand évêque de France, sont la Révérende mère Barrat et la mère Thérèse de Laval. » (*Vie de la Mère Thérèse*, p. 286.)

doute, par sa consécration religieuse, une noble fille de l'Église, une intrépide ouvrière de Dieu.

Fille de l'Église, qu'est-ce à dire, sinon être marquée d'un signe royal, disposée pour de vastes choses, apte aux grandes entreprises, préparée aux grandes joies comme aux grandes douleurs, comme aux grands sacrifices, oui, prête sur-le-champ à tous les héroïsmes !

Telle fut la mère Thérèse. Aussi, nous apparaît-elle en sa remarquable histoire, comme une Reine magnifique, reine d'humilité et de vaillance, reine de tendresse et de force, reine de sagesse et de prudence. On sent en l'approchant que tout cela se trouve en elle au plus éminent degré. Elle en est comme toute revêtue et parfumée. Et, tous ces incomparables dons sont rehaussés encore et mis en lumière par une modestie exquise, une délicatesse rare, une patience inaltérable. Son habit a beau être sombre et sévère en son extrême pauvreté, il ne parvient pas à dérober tant de gloire et tant de rayons. Cette gloire éblouissante et pure, ces rayons étincelants ravissent tous les regards avides de contempler la sainte Religieuse et son superbe visage où se reflète le calme, la magnanimité de son âme. D'ailleurs on ne se lassait pas plus de l'entendre que de la voir ; les oreilles étaient aussi charmées que les yeux.

*
* *

Voulez-vous le secret de toute cette grandeur enchanteresse. C'est que Thérèse possède un cœur à l'image du Cœur de Jésus dont elle est l'épouse chérie. C'est que son cœur comme le Cœur de Jésus brûle de la plus ardente charité. Il ne respire que pour Dieu : il ne respire que Dieu. En mesurer la hauteur, la profondeur, la largeur serait impossible, car il est sans mesure comme sans limites. C'est un océan. Il est tout embrasé d'amour de Dieu et d'amour des âmes. Immense, insatiable est sa soif. Il ne vit que de dévouement et d'abnégation ; *abneget semetipsum* (1). Inépuisable est sa générosité ; il donne et se donne sans cesse. Infatigable est son zèle ; intarissable sa fécondité. Ses ressources, ses industries semblent multipliées à l'infini. Il ne refuse rien à Jésus, pas même l'impossible. Impossible, se serait-il écrié, n'est pas chrétien, et il accomplit l'impossible.

Aussi bien, Jésus se plaît à combler Thérèse de ses faveurs, de ses caresses, de ses grâces, alors même qu'il l'éprouve, alors même qu'elle est crucifiée. « N'obtient-elle pas tout ce qu'elle veut », observe le vénéré Mgr Wicart (2). Thérèse en effet ne connaît pas d'obstacles : « Mes enfants, courage, disait-elle, il ne faut jamais tant espérer que quand tous les moyens humains nous manquent. » (3). Et elle marche, marche, avance toujours, sans hésiter, sans même se retourner. C'est une femme du progrès, mais du seul progrès digne de ce nom, du seul qui soit sérieux : du progrès avec Dieu et par Dieu. Le progrès contre Dieu n'est que monstruosité, aberration, néant. Il ne se conçoit pas, c'est une chimère idiote, un rêve insensé, un projet irréalisable et criminel. Le progrès

---

(1) *Si quelqu'un veut venir après moi, qu'il renonce à lui-même.* (S. Matth. XVI, 24.)

(2) *Vie de la Mère Thérèse,* p. 331.

(3) *Ibid.,* p. 139.

contre Dieu ne peut avoir pour inventeur que Satan et pour exécuteurs que les sectaires de la Franc-Maçonnerie ou les imbéciles pris dans leurs filets.

****

Souvent la mère Thérèse n'a plus un sou et cependant, elle se trouve toujours assez riche pour nourrir, entretenir sa communauté et soulager encore d'autres infortunes. Car tous s'adressent à elle et comme le divin Maître, elle ne renvoie personne. A l'aumône matérielle, elle joint l'aumône spirituelle qui lui est bien supérieure. Un bon conseil est toujours prêt à sortir de son cœur; un avis utile est toujours prêt à s'échapper de ses lèvres bienfaisantes. Elle dépense et se dépense sans compter. Elle excelle à consoler, à guérir tous les genres de souffrances. Elle compatit à toutes les peines, à toutes les infirmités et on sait si elles abondent ici-bas. Qui n'a pas recours à elle? Petits et grands, faibles et forts tous se présentent, tous accourent. Sa vie est un perpétuel apostolat. Son délicieux sourire reconforte et relève. Sa parole, tour à tour énergique et suave, remue, ébranle pour raffermir. Cette parole est encore lumière et paix, elle dissipe les ténèbres en même temps qu'elle apaise les discordes.

Thérèse suffit à tout avec une activité surprenante et une intelligence merveilleuse. Quelle sagacité; quelle lucidité! Son œil vigilant et pénétrant semble lire au fond des cœurs et deviner leurs secrets. Elle en impose aux coupables et leur arrache des aveux tremblants quand déconcertés en sa présence ils ne

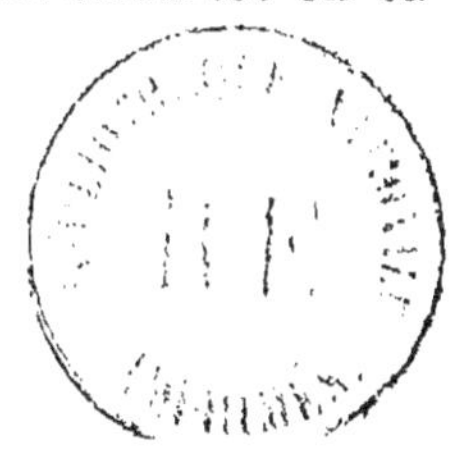

se trahissent pas d'eux-mêmes. Elle domine, elle est souveraine. Son autorité est irrésistible bien qu'elle l'exerce toujours avec une mansuétude sans égale. On le sent, elle est née pour le commandement, mais aussi, comme elle sait rendre agréable, facile, l'obéissance. Elle est sans rivale dans l'art si compliqué du maniement des âmes. Soudain, à sa seule vue, les critiques les plus acharnées se taisent et s'évanouissent: les résistances les plus violentes se brisent, expirent à ses pieds. C'est une victorieuse. Toujours le succès l'accompagne et lui demeure attaché ; toujours le triomphe le plus complet récompense ses laborieux efforts. C'est le Seigneur *qui instruit ses mains au combat* (1) et rend invincible sa fidèle servante. Voilà la bonne Mère Thérèse dans sa douce et sereine majesté.

*
* *

Visiblement Dieu a inspiré, soutenu, béni ses démarches et ses travaux sans permettre qu'une goutte de sueurs de sa docile ouvrière reste infructueuse. Quelle vigueur, quelle puissance n'a-t-il pas accordées à cette femme admirable ! De quelle splendeur ne l'a-t-il pas ornée ! Considérez son caractère si bien trempé, son cœur d'apôtre, son âme enfin, si virile et d'une si rayonnante beauté. N'est-ce pas là une sainte ? Ah ! sans doute, les anges l'escortèrent jusqu'au trône de Dieu et les saints, hier ses protecteurs, ses amis, désormais ses frères, entonnèrent alors le cantique

____

(1) Ps. XVII. v. 37.

d'allégresse et l'acclamèrent quand le Seigneur posa
sur son auguste front la couronne de pierres pré-
cieuses, le diadème des élus que Thérèse avait con-
quis par tant et tant de labeurs et de vertus !

II.

La Miséricorde.

Terminons par un rapide exposé de l'œuvre princi-
pale de la mère Thérèse. Ce fut la fondation d'une
maison de refuge appelée la Miséricorde.

En cet asile béni on reçoit avec l'empressement le
plus affectueux et on environne des soins les plus
maternels de malheureuses filles égarées et abandon-
nées, pauvres enfants prodigues, pauvres brebis
errantes loin du bercail, loin de l'honneur et bien près
des précipices quand elles n'y sont pas déjà tombées.
Tandis qu'un monde avili, lâche, corrompu excite et
entraîne ces malheureuses en raillant, en détestant,
en maudissant les couvents, ceux-ci se vengent en
recueillant, en sauvant ses victimes. Sans les couvents,
hélas, à quelles dégradations pourraient-elles se sous-
traire ; dans quels abîmes, dans quelles catastrophes
n'iraient-elles pas s'engloutir et se perdre. Le monde
brille, il est orgueilleux, mais il a plus de boue que
d'or à offrir.

Sans le salutaire asile en particulier, fondé par la
mère Thérèse, fondé par son ingénieuse et courageuse
charité, combien de ces malheureuses accablées de
remords, plongées dans la plus affreuse, dans la der-

nière misère, dévorées, rongées par les vices les plus hideux et les passions les plus effroyables auraient infailliblement succombé dans la honte et le désespoir? Oui, combien sans cet asile, sans ce refuge, se seraient débattues dans les suprêmes et horribles convulsions de la plus terrible agonie qui se puisse imaginer? La Providence veillait sur ces âmes dévoyées et, dans sa miséricorde, réservait à leur repentir sincère une Mère sans pareille, nous l'avons vu, Mère telle que le ciel peut en prêter à la terre et qui, en repartant pour ce ciel, laisse la terre qu'elle embaumait, dans la tristesse et la stupeur. C'est un deuil que rien ne peut effacer, un vide que rien ne peut remplir, un chagrin que rien ne peut diminuer. Aussi fut-elle pleurée de ses 400 pauvres pénitentes comme aucune mère ne le fut jamais, car aucune mère ne mérita mieux de l'être.

***

Toutefois, de pieuses et dévouées coopératrices se groupèrent dès la première heure autour de la vénérable fondatrice et partagèrent avec bonheur, avec la plus parfaite et la plus absolue bonne volonté, ses sollicitudes, ses privations, ses fatigues, ses travaux. Dieu a été leur récompense.

Les Religieuses qui ont succédé à ces premières et robustes ouvrières sont dignes d'elles, et c'est là le plus bel éloge qu'on leur puisse décerner et le seul qu'elles ambitionnent. Puisse leur nombre s'accroître! Car, hélas, loin de s'éteindre, la corruption augmente, monte et déborde. Leur œuvre sera donc plus que jamais nécessaire.

***

Pour nous, ô mes chères Sœurs, pourrons-nous espérer que vous daignerez prier pour notre âme très indigente. Oui, car vous avez hérité de la charité de votre auguste Mère.

Ecrire sur votre immortelle Mère nous a été bien doux, mais nous ne l'aurions pas osé sans l'invitation si gracieuse, si bienveillante de votre vénérée Supérieure qui vous gouverne avec tant de bonté et de zèle.

Et maintenant, ce portrait est bien pâle, cette photographie est bien inexacte et surtout, nous le sentons, bien peu ressemblante, bien inférieure au modèle. Notre excuse près de vous, mes Sœurs, sera que la figure de votre angélique Mère étant plus du ciel que de la terre, la plume la plus éloquente paraîtrait trop chétive encore pour en fixer les traits.

Angoulême, le 28 août 1884.

En la fête de saint Augustin,

Qui lui aussi avait une incomparable mère et dut sa conversion à ses larmes, comme bien des filles de Thérèse durent à ses larmes aussi leur conversion.

Angoulême. — Imprimerie Roussaud. rue Tison d'Argence, 5.

[illegible]
[illegible]
[illegible]

[illegible]
[illegible]
[illegible]
[illegible]

44